Table des matières

CONFITURES
GELEES
MARMELADES

MINICUISINE

POUR 8 A 9 POTS DE 500 g
CUISSON : *30 minutes*
INGRÉDIENTS :
3,5 kg d'abricots
Le poids des fruits dénoyautés en sucre (3 kg environ)
1/4 de litre d'eau par kg de sucre (3/4 litre environ)

CONFITURE D'ABRICOTS

1 - Lavez les abricots. Coupez-les en deux et dénoyautez-les. Cassez quelques noyaux. Les amandes préalablement blanchies quelques secondes à l'eau bouillante seront ajoutées à la confiture en fin de cuisson.

2 - Pesez les abricots dénoyautés.

3 - Mettez dans la bassine à confitures le sucre nécessaire et l'eau. Laissez le sucre se mouiller et faites chauffer sur feu moyen.

4 - Le sirop devient très clair et translucide. Laissez-le bouillir jusqu'au « boulé ».

5 - Versez alors les abricots dans le sirop, mélangez délicatement à l'aide d'une écumoire. Quand l'ébullition reprend, réglez la source de chaleur de manière à obtenir une cuisson assez vive.

6 - Au bout de 20 minutes environ la confiture est presque cuite.

7 - Ajoutez alors les amandes. Laissez cuire encore quelques minutes. Vérifiez la cuisson : quelques gouttes versées sur une assiette froide donnent à peu près idée de la consistance que prendra la confiture.

8 - Mettez en pots ; nettoyez les gouttes de confiture qui ont pu salir l'extérieur des pots et couvrez.

POUR ENVIRON 8 POTS DE 500 g
CUISSON : *40 minutes*
INGRÉDIENTS :

750 g de pommes acides
750 g de pêches
750 g de poires (Williams ou Guyot)
750 g de tomates rouges
500 g de raisin noir
2 kg de sucre

CONFITURE D'AUTOMNE

1 - Pelez les poires et les pommes et coupez-les en fines lamelles. Ebouillantez les tomates et les pêches, pelez-les et émincez-les.

2 - Mettez ces fruits à macérer avec le sucre dans une terrine en alternant les couches de fruits et de sucre. Laissez macérer 12 à 24 heures.

3 - Le lendemain, lavez le raisin et faites-le crever sur feu vif avec 1/2 verre d'eau. Filtrez pour recueillir environ 1/4 de litre de jus.

4 - Versez les fruits et leur jus dans la bassine, ajoutez le jus de raisin, faites cuire lentement en remuant fréquemment.

5 - Quand les pommes deviennent transparentes (cela est plus ou moins long selon la nature des fruits et leur maturité), vérifiez la cuisson. Il faut compter environ 40 minutes.

6 - Laissez tiédir et mettez en pots. Couvrez quand la confiture est entièrement refroidie.

POUR 4 POTS DE 500 g ENVIRON
CUISSON : *30 minutes*
INGRÉDIENTS :
1,5 kg de cassis
1,5 kg de sucre
2 verres d'eau

CONFITURE DE CASSIS

1 - Lavez, égrenez les fruits.

2 - Avec le sucre et l'eau, faites un sirop de sucre au « boulé ». Versez les fruits dans le sirop, laissez reprendre l'ébullition pendant 2 minutes. Versez dans une terrine et laissez macérer jusqu'au lendemain.

3 - Recueillez le jus, faites-le épaissir à bonne ébullition pendant 10 minutes. Ajoutez les fruits à ce moment et terminez la cuisson. Vérifiez cette cuisson sur une assiette froide. Ecumez et mettez en pots.

POUR 6-7 POTS DE 500 g
CUISSON : *1 heure*
INGRÉDIENTS :
3 kg de coings
le poids des fruits épluchés en sucre
1/2 l d'eau environ
1 citron

CONFITURE DE COINGS EN QUARTIERS

1 - Choisissez des coings bien mûrs.

2 - Epluchez-les et coupez-les en quartiers en prenant soin d'ôter les morceaux de fruits très durs. (Ils ne cuiraient pas et la confiture serait moins agréable à consommer.)

3 - Au fur et à mesure de l'épluchage qui est assez long parce que minutieux, mettez les fruits épluchés dans une grande bassine contenant de l'eau et le jus d'un citron pour qu'ils ne noicissent pas.

4 - Egouttez alors les fruits, pesez-les, pesez le sucre nécessaire, mettez-le dans la bassine à confitures avec juste assez d'eau pour le mouiller (environ 1/2 l).

5 - Ajoutez les coings, faites cuire doucement (près d'une heure environ) jusqu'à ce que la pulpe des coings soit transparente et confite dans le sirop.

6 - Vérifiez en versant quelques gouttes sur une assiette froide que le jus prend en gelée.

7 - Ecumez et mettez en pots.

POUR 3 À 4 POTS DE 500 g
CUISSON : 40 minutes
INGRÉDIENTS :
1 kg de fraises
1 kg de sucre en morceaux
2 dl d'eau
1 citron

CONFITURE
DE FRAISES

1 - Choisissez des fraises de petite taille, à parfait état de maturité, et d'une variété plutôt acide.

2 - Lavez-les avec soin, équeutez-les, puis ôtez le pédoncule.

3 - Mettez dans une bassine le sucre, l'eau, le jus de citron. Portez à ébulliton sans remuer, mais en inclinant de temps en temps le récipient pour répartir la chaleur.

4 - Surveillez le sirop, quand il entre en ébullition, il doit être très limpide. Réglez la source de chaleur pour maintenir une ébullition moyenne. Au bout de quelques minutes, de petites bulles en forme de perles viennent éclater à la surface. Très petites au début, elles s'élargissent en même temps qu'augmente la concentration du sirop. Il est à point quand les « perles » sont grosses comme des pois.

5 - Jetez les fraises à ce moment dans le sirop. Faites-les cuire environ 20 minutes en remuant de temps en temps avec l'écumoire.

6 - Egouttez alors les fruits et répartissez-les dans les pots préparés à l'avance.

7 - Faites concentrer le sirop pendant encore une dizaine de minutes environ.

8 - Vérifiez l'épaisseur en faisant couler quelques gouttes sur une assiette froide.

9 - Versez-les alors doucement sur les fraises en remuant avec une cuiller à café pour opérer le mélange dans chaque pot.

10 - Laissez refroidir. Couvrez.

POUR 6 A 7 POTS
CUISSON : 30 minutes
INGRÉDIENTS :
1,5 kg de fraises équeutées
500 g d'ananas coupé en morceaux
1,750 kg de sucre
1 verre d'eau

CONFITURE DE FRAISES ET D'ANANAS

1 - Lavez les fraises délicatement, équeutez-les.

2 - Epluchez l'ananas, ôtez le cœur fibreux, coupez la chair en petits morceaux.

3 - Pesez les fruits de manière à respecter les proportions indiquées.

4 - Dans une bassine, mettez l'eau, le sucre. Portez à ébullition. Au bout de 2 à 3 minutes, quand de petites perles brillantes éclatent à la surface (le sirop est alors au « perlé » et coule de l'écumoire en nappe fluide) mettez les morceaux d'ananas. Faites cuire pendant 10 minutes.

5 - Ajoutez les fraises. Faites cuire encore une vingtaine de minutes.

6 - Vérifiez la cuisson. Mettez en pots, et laissez refroidir avant de couvrir.

CUISSON : 5 minutes
INGRÉDIENTS :
1 kg de griottes
1 kg de sucre pour confitures
Le jus de 2 citrons
1 cuillerée à café de kirsch

CONFITURE
DE GRIOTTES

1 - Lavez et égouttez les cerises, équeutez-les, et dénoyautez-les. Mélangez avec le sucre spécial pour confitures, recouvrez, et laissez reposer 24 heures.

2 - Le lendemain, portez à ébullition, maintenez-la 4 à 5 minutes en ajoutant le jus des citrons. Aromatisez avec le kirsch.

3 - Mettez en pots.

POUR 4 POTS DE 500 g
CUISSON : 20 minutes
INGRÉDIENTS :
1 kg de pêches de vigne
1/2 kg de framboises
1 kg de sucre
1 verre d'eau

CONFITURE DE PÊCHES
À LA FRAMBOISE

1 - Enlevez délicatement les noyaux de pêches. Epluchez-les, coupez-les en quartiers.
2 - Equeutez les frambroises.
3 - Mettez l'eau et le sucre dans une bassine. Portez à ébullition.
4 - Quand le sirop commence à épaissir et à bouillonner, (il est au perlé), jetez les fruits.
5 - Faites reprendre l'ébullition en remuant fréquemment, et laissez cuire 15 minutes à partir de ce moment.
6 - Ecumez, vérifiez la cuisson et mettez en pots.

POUR 3 POTS DE 500 g
CUISSON : *15 minutes*
INGRÉDIENTS :
1 kg de mûres
750 g de sucre
1 jus de citron
2 verres d'eau

CONFITURE DE MÛRES

1 - Lavez soigneusement les mûres. Equeutez-les, égouttez-les et pesez-les. Compter 750 g de sucre par kilo de fruit.

2 - Faites avec le sucre et l'eau un sirop au « petit boulé ». Ajoutez les mûres et le citron.

3 - Laissez cuire en remuant fréquemment, jusqu'à ce que la confiture soit assez épaisse pour que l'on voit le fond de la bassine à chaque coup de cuiller.

4 - Mettez en pots, et laissez refroidir complètement avant de couvrir.

POUR 5 POTS DE 500 g
***CUISSON :** 1 h 30*
INGRÉDIENTS :
1,250 kg d'oranges
1,250 kg de sucre

CONFITURE D'ORANGES

1 - Sélectionnez des fruits de petite taille à peau fine (des « maltaises » par exemple). Lavez-les, en les brossant énergiquement sous l'eau froide.

2 - Mettez les oranges dans une bassine, couvrez d'eau froide, et portez progressivement à ébullition. Laissez bouillir doucement 30 minutes, puis refroidissez immédiatement en plongeant les oranges dans une grande quantité d'eau froide.

3 - Lorsque les fruits sont parfaitement refroidis, détaillez-les en fines tranches, et recueillez au fur et à mesure les pépins dans un nouet de mousseline.

4 - Mettez l'eau et le sucre dans la bassine à confitures. Amenez à ébullition, laissez bouillir 5 minutes, puis ajoutez les tranches d'oranges. Laissez cuire pendant 1 heure. La confiture est cuite quand l'écorce devient translucide. Evitez de remuer les tranches pendant la cuisson afin qu'elles demeurent intactes.

5 - Pour la mise en pots, prenez quelques rondelles de fruits et faites-les adhérer contre les parois. Puis répartissez le reste des fruits et le jus.

POUR ENVIRON 6 POTS DE 500 g
CUISSON : *30 minutes*
INGRÉDIENTS :
1 kg de pastèque
1 orange
1 pomme
1 poire
250 g de prunes
250 g de pêches
1 gousse de vanille
1,500 kg de sucre
Le jus de 2 citrons

CONFITURE
À LA PASTÈQUE

1 - Préparez les fruits : débitez la pastèque en cubes de 3 cm, pelez l'orange et coupez-la en lamelles. Lavez et dénoyautez les prunes, ébouillantez les pêches pour les peler. Dénoyautez-les et coupez-les en petits quartiers. Pelez la pomme et la poire et coupez-les en morceaux.

2 - Mettez ces fruits par couches dans une terrine en alternant sucre et fruits. Laissez macérer douze heures au moins. Versez alors les fruits et le jus qu'ils auront rendu dans la bassine. Ajoutez la gousse de vanille fendue.

3 - Faites cuire à feu assez vif en remuant de temps en temps, en comptant environ 30 minutes à partir de l'ébullition.

4 - En fin de cuisson ajouter le jus des citrons.

5 - La confiture est à point quand les fruits sont bien tendres et qu'une goutte de sirop versée sur une assiette froide fige en refroidissant.

6 - Laissez tiédir pour bien mélanger les fruits, remplissez les pots et couvrez tiède ou froid.

POUR 6 POTS DE 500 g
CUISSON : 45 minutes
INGRÉDIENTS :
2 kg de poires
1,5 kg de sucre
1 citron
1 gousse de vanille
2 verres d'eau

CONFITURE
DE POIRES

1 - Epluchez les fruits, et détaillez-les en quatre. Ôtez le cœur et les pépins. Placez les quartiers de poires, au fur et à mesure de l'épluchage, dans un récipient rempli d'eau froide.

2 - Blanchissez les morceaux de fruits en les plongeant 2 minutes dans une grande casserole d'eau bouillante. Puis égouttez-les.

3 - Faites fondre le sucre dans 2 verres d'eau. Dès que le liquide bout, aromatisez avec la gousse de vanille fendue dans sa longueur, puis ajoutez les poires, le jus du citron et les zestes. Faites cuire sur feu vif 45 minutes.

4 - Passé ce temps, ôtez les zestes et mettez en pots.

POUR 6-7 POTS DE 500 g
CUISSON : 50 minutes
INGRÉDIENTS :
3 kg de pommes (Reinette)
850 g de sucre par kilo de pommes
200 g de raisins secs
2 cuillerées à soupe de rhum

CONFITURE DE POMMES AU CARAMEL

1 - Faites tremper les raisins secs dans le rhum.

2 - Pelez les pommes. Coupez-les en quartiers pour les évider facilement puis émincez-les en tranches épaisses.

3 - Comptez 850 g de sucre par kilo de pommes. Mettez ce sucre dans la bassine à confiture avec juste assez d'eau pour le mouiller (environ 1/4 de litre d'eau par kilo de sucre).

4 - Faites chauffer très doucement, sans remuer, jusqu'à ce que le sucre commence à bouillonner, puis augmentez légèrement la source de chaleur et prolongez la cuisson du sucre jusqu'au début du caramel.

5 - Dans ce caramel blond, mettez les pommes en tranches. Le sirop étant très dense elles s'enfoncent difficilement.

6 - Réglez l'ébullition très douce. Faites cuire en remuant souvent la masse de confiture avec l'écumoire pour empêcher le fond de brûler. Évitez cependant de trop écraser les tranches de pommes.

7 - Faites cuire jusqu'à ce que les pommes soient transparentes (30-40 minutes).

8 - Un quart d'heure avant la fin de la cuisson ajoutez les raisins et le rhum si vous désirez parfumer ainsi la confiture.

9 - Mettez en pots. Couvrez comme les confitures ordinaires.

POUR 13 A 14 POTS DE 500 g
CUISSON : 50 minutes
INGRÉDIENTS :
1 kg de cerises (Anglaise ou Montmorency)
1 kg de fraises
1 kg de groseilles rouges
1 kg de framboises
4 kg de sucre raffiné
1/2 litre d'eau

CONFITURE AUX QUATRE FRUITS

1 - Lavez et équeutez tous les fruits séparément.

2 - Dénoyautez les cerises, égrenez les groseilles rouges.

3 - Dans la bassine à confiture, mettez l'eau puis le sucre.

4 - Mettez sur feu moyen et laissez fondre le sucre en secouant de temps en temps la bassine mais sans remuer avec aucun instrument.

5 - Quand l'ébullition du sirop est atteinte, laissez-le concentrer jusqu'au « petit boulé » : quelques gouttes de sirop versées dans un bol d'eau froide forment une boule malléable sous les doigts.

6 - Versez alors les cerises et laissez cuire à feu vif pendant 20 minutes environ.

7 - Ajoutez alors les fraises, cuisson : 15 minutes.

8 - Mettez enfin groseilles et framboises ; prolongez encore la cuisson pendant 10 minutes. Écumez.

9 - Versez dans des pots parfaitement propres et secs. Couvrez, étiquetez.

POUR 7 A 8 POTS
CUISSON : 30 minutes
INGRÉDIENTS :
2 kg de quetsches dénoyautées
1,7 kg de sucre semoule
30 noix fraîches

CONFITURE DE QUETSCHES AUX NOIX FRAÎCHES

1 - Choisissez des fruits avant leur pleine maturité, mettez les quetsches dénoyautées et coupées en deux avec le sucre dans la bassine. Portez à ébullition en remuant fréquemment.

2 - Faites cuire doucement pendant environ 20 minutes. Remuez souvent. Quand la confiture est cuite, elle « nappe » l'écumoire.

3 - Ajoutez 5 minutes environ avant la fin de cuisson les noix fraîches, décortiquées, pelées, coupées en 4.

4 - Retirez la confiture du feu, écumez, répartissez dans les pots et couvrez immédiatement.

POUR 5 POTS DE 500 g
CUISSON : 1 heure
INGRÉDIENTS :
1 kg de rhubarbe
800 g de sucre
3 bananes en rondelles
100 g de framboises

CONFITURE DE RHUBARBE, BANANES ET FRAMBOISES

1 - Épluchez et coupez en morceaux la rhubarbe et faites-la macérer pendant 12 heures avec 800 g de sucre.

2 - Recueillez le jus de macération dans la bassine à confitures, portez à ébullition et laissez cuire pendant 1/4 heure. Ajoutez la rhubarbe et, au bout de 20 minutes de cuisson, incorporez les bananes coupées en rondelles. Laisser cuire 15 minutes avant d'ajouter les framboises, prolongez la cuisson encore 15 minutes. Mettez en pots et couvrez.

CUISSON : *30 minutes environ*
INGRÉDIENTS :
500 g de pétales de roses
2 kg de sucre
1/2 litre d'eau
1 citron

CONFITURE DE ROSES

1 - Effeuillez les roses.

2 - Coupez les bouts des pétales avec des ciseaux car ils sont durs et amers.

3 - Faites bouillir deux litres d'eau dans une grande casserole plongez-y les pétales pendant 2 ou 3 minutes. Égouttez. Arrosez avec le jus d'un citron.

4 - Avec le bout des doigts, séparez les pétales afin qu'ils ne se mettent pas en amas.

5 - Dans la bassine, mettez l'eau et le sucre. Portez lentement à ébullition sans remuer. Laissez le sirop se concentrer jusqu'au moment où, si l'on en verse une cuillerée dans un bol d'eau froide, il peut être ramassé en formant une boule molle sous le doigt.

6 - Ajoutez les roses, remuez, et retirez du feu pour laisser macérer jusqu'au lendemain.

7 - Le lendemain, portez à nouveau à ébullition et laissez cuire lentement jusqu'à ce que les pétales deviennent transparents.

8 - Mettez en pots, laissez refroidir et couvrez.

POUR 7 A 8 POTS DE 500 g
CUISSON : 45 minutes
INGRÉDIENTS :
3 kg de tomates vertes bien fermes
2 kg de sucre semoule
3 citrons
1 gousse de vanille

CONFITURE DE TOMATES VERTES

1 - Plongez les tomates quelques secondes dans de l'eau bouillante, puis rafraîchissez-les et retirez la peau qui s'enlève assez facilement.

2 - Coupez les fruits par le milieu, à l'aide d'une petite cuiller, retirez les graines. Recoupez les fruits en quartiers.

3 - Disposez alors dans une grande terrine, par couches, sucre, tomates, tranches de citron, avec la gousse de vanille au milieu. Laissez ainsi macérer toute la nuit.

4 - Le lendemain, amenez lentement à ébullition. Faites cuire à feu moyen pendant 30 minutes environ, pour accélérer l'évaporation, mais en remuant souvent. Puis réduisez la cuisson, et prolongez-la une dizaine de minutes doucement.

5 - Quand la confiture, qui a pris une belle couleur ambrée, est suffisamment épaisse, vérifiez la cuisson en faisant .couler quelques gouttes sur une assiette, mettez en pots et couvrez.

CUISSON : *20 minutes*
INGRÉDIENTS :
1 kg de fruits épluchés (*)
1 kg de sucre
1/2 cuillerée à café de gingembre

* Un mélange d'abricots, cerises, groseilles, prunes, fraises... dénoyautés, épluchés, coupés en morceaux si nécessaire.

CONFITURE
TUTTI-FRUTTI

1 - Faites un sirop épais (boulé) avec un verre d'eau par kilo de sucre. Ajoutez les cerises, prunes et abricots dénoyautés. Faites bouillir doucement pendant 5 minutes.

2 - A ce moment, ajoutez les fruits tendres : groseilles, fraises, framboises, faites cuire encore 10 minutes. Avec l'écumoire, retirez les fruits. Laissez concentrer le sirop.

3 - Ajoutez le gingembre.

4 - Quand le sirop est assez concentré, remettez les fruits. Mélangez, et mettez en pots tout de suite.

POUR ENVIRON 4 POTS DE 500 g
INGRÉDIENTS :
1 kg de coings bien mûrs
2 litres d'eau
1 kg de sucre par litre de jus

GELÉE
DE COINGS

1 - Lavez les coings, essuyez-les en les frottant avec un chiffon un peu rude.
2 - Ne les pelez pas, coupez-les en morceaux, en recueillant les cœurs et les pépins. Placez-les dans un sachet de mousseline.
3 - Mettez les fruits dans la bassine à confiture avec l'eau et le sachet de mousseline.
4 - Faites cuire jusqu'à ce que les coings soient très tendres.
5 - Versez le tout sur un tamis et laissez égoutter quelques heures en ne pressant pas si l'on souhaite une gelée très limpide.
6 - Pesez alors le jus et comptez son poids en sucre.
7 - Mélangez sucre et jus dans la bassine. Faites chauffer, laissez bouillir à feu vif jusqu'à ce que la dernière goutte de sirop qui se détache de l'écumoire soit large et tombe sans se déformer. Retirez alors du feu et mettez en pots. Couvrez froid.

POUR 3 POTS DE 500 g
CUISSON : *20 minutes*
INGRÉDIENTS :
1 kg de sucre
1 kg de framboise
1/4 de litre d'eau

GELÉE
DE FRAMBOISES

1 - Evitez, si possible, de laver les framboises. Pesez les fruits et prenez le même poids de sucre.

2 - Mettez l'eau et le sucre dans la bassine à confitures, et faires cuire jusqu'au moment où une goutte de sirop versée dans un bol d'eau froide forme une boule molle et malléable.

3 - Versez les fruits dans le sirop. Remuez sans arrêt avec une écumoire, en écrasant le plus possible les framboises. Quant une mince pellicule brillante nappe l'écumoire (environ 15 minutes à forte ébullition), la préparation est cuite.

4 - Versez alors, louchée par louchée, sur un tamis posé sur une terrine ébouillantée. Évitez de presser la pulpe des framboises, pour que la gelée soit bien claire.

5 - Mettez en pots et ne couvrez que lorsqu'elle est parfaitement refroidie.

CUISSON : 13 minutes
INGRÉDIENTS :
2 kg de groseilles (2/3 de rouges, 1/3 de blanches)
2 verres (moyens) d'eau
1 kg de sucre pour 1 kg de jus de groseilles

GELÉE
DE GROSEILLES

1 - Lavez les grappes de groseilles.

2 - Mettez les fruits dans la bassine à confitures et ajoutez l'eau soigneusement mesurée. Posez sur feu moyen.

3 - Remuez avec une écumoire, en pressant les fruits de manière à les faire éclater et en les brassant sans arrêt. Au bout de 8 à 10 minutes, les grains de groseilles sont bien crevés et baignent dans le jus.

4 - Filtrez le jus à travers une passoire très fine. Pour obtenir une gelée parfaitement limpide, laissez le jus s'écouler naturellement. Par contre, si vous désirez aller plus vite, vous pouvez presser légèrement la pulpe de fruits avec le dos de l'écumoire : la gelée sera sans doute moins claire, mais non moins savoureuse, et plus abondante.

5 - Pesez alors le jus obtenu. Préparez la quantité de sucre nécessaire.

6 - Versez le jus et le sucre dans la bassine.

7 - Portez lentement à ébullition en remuant de temps en temps. Quand l'ébullition est franchement déclarée (la masse entière du liquide est en bouillonnement) comptez rigoureusement 3 minutes de cuisson et retirez du feu aussitôt.

8 - Mettez en pots immédiatement, soit à la louche, soit, ce qui est beaucoup plus rapide à l'aide d'un pichet dans lequel on verse le contenu de la bassine.

9 - Attendez 48 heures avant de couvrir.

POUR 2 KG DE GELÉE
CUISSON : 20 à 30 minutes
INGRÉDIENTS :
2 kg de mûres noires très mûres
1 poignée de mûres encore rouges
1 verre d'eau
1 citron (facultatif)
Sucre semoule : même poids que le jus obtenu
soit 1,250 kg à 1,5 kg

GELÉE
DE MÛRES

1 - Lavez les fruits, mettez-les dans la bassine à confitures avec le verre d'eau et faites bouillier doucement environ 5 minutes sans cesser d'écraser les baies avec le dos de l'écumoire pour bien retirer le jus.

2 - Filtrez à travers un tamis fin ou un linge. Si vous désirez une gelée absolument claire, il ne faut pas du tout presser, mais laisser retomber le jus (plusieurs heures sont nécessaires dans ce cas). Sinon, et la gelée est tout de même fort bonne, on peut s'aider un peu du moulin à légumes (grille fine) à condition de filtrer ensuite dans une passoire fine.

3 - Pesez le jus obtenu. Ajoutez le même poids de sucre semoule. Si l'été est chaud et sec, et les mûres très sucrées, ajoutez aussi le jus d'un citron.

4 - Faites cuire en gelée en remuant soigneusement jusqu'à l'ébullition et en surveillant la cuisson ensuite. La gelée est prise lorsque quelques gouttes versées sur une assiette froide, figent rapidement. Il faut entre 20 et 30 minutes de cuisson (laissez cuire d'autant plus longtemps que le récipient est étroit) car l'évaporation est moins importante.

5 - Versez dans des pots à confiture. Laissez refroidir complètement avant de couvrir.

POUR ENVIRON 8 POTS DE 500 g
CUISSON : 1 h 30
INGRÉDIENTS :
8 belles oranges à peau fine
3 kg de pommes
4 litres d'eau
2 kg de sucre semoule

GELÉE DE POMMES AUX ORANGES

1 - Quelques heures avant de procéder à la cuisson de la confiture, râpez légèrement (râpe très fine) la pellicule brillante du zeste des oranges, pour éviter un excès d'amertume. Faites tremper les oranges ainsi préparées dans une grande bassine contenant de l'eau fraîche que l'on renouvellera plusieurs fois.

2 - Lavez les pommes, coupez-les en morceaux (sans retirer les cœurs et pépins). Recouvrez avec 4 litres d'eau et faites cuire jusqu'à ce que les pommes soient tendres. Filtrez dans un tamis fin pour recueillir le jus limpide de cuisson. On obtient environ 2 litres de jus (mesurez pour vérifier cette quantité).

3 - Dans la bassine à confiture, mettez ce jus de pommes, le sucre et les oranges coupées en fines rondelles. Disposez ces rondelles bien à plat pour éviter de les briser.

4 - Faites cuire très doucement pendant une heure environ.

5 - Disposez les rondelles d'oranges dans les pots et achevez de remplir avec la gelée.

6 - Couvrez après refroidissement.

POUR 3 POTS DE 500 g
CUISSON : 20 minutes environ
INGRÉDIENTS :
1,5 kg de baies de sureau
1/2 litre d'eau
Sucre : même poids que le jus obtenu
1 bâton de cannelle
Pelures, pépins et carpelles de 4 à 5 pommes

GELÉE AUX FRUITS
DE SUREAU ROUGE

1 - Égrenez les grappes de sureau. Mettez les baies dans une bassine avec l'eau et faites éclater les baies en chauffant jusqu'à ébullition.

2 - Passez au tamis fin pour recueillir le jus. Pressez légèrement avec le dos de l'écumoire.

3 - Pesez ce jus, mesurez la même quantité de sucre.

4 - Enfermez dans un petit sac de mousseline les pelure, pépins et carpelles de pommes : celles-ci renferment des pectines et permettent la prise en gelée. On peut les remplacer par un gélifiant du commerce.

5 - Mettez jus, sucre, cannelle et pelures dans une bassine. Faites cuire de 8 à 10 minutes après l'ébullition.

6 - Vérifier la cuisson, mettez en pots, et laissez refroidir avant de couvrir.

POUR 3 POTS DE 500 g
CUISSON : *25 minutes*
INGRÉDIENTS :
1 kg de belles fraises pas trop mûres
1 kg de sucre

MARMELADE
DE FRAISES

1 - Lavez et équeutez les fraises et faites-les macérer dans une terrine avec le sucre pendant
   24 heures.
2 - Recueillez alors le jus formé sans abîmer les
   fruits.
3 - Faites cuire ce jus en écumant soigneusement
   qu'à ce qu'il ne se forme plus d'écume (10 mn
   environ).
4 - Vérifiez la cuisson, mettez les fraises dans le
   sirop bouillant.
5 - Laissez cuire 15 minutes. Écumez et mettez en
   pots.

POUR 6 POTS DE 500 g
MACÉRATION : 24 h
CUISSON : 2 h
INGRÉDIENTS :
6 oranges
2 citrons
3 kg de sucre
1,5 litre d'eau + 0,5 litre

MARMELADE D'ORANGES

1 - Le premier jour, brossez les fruits dans l'eau pour les nettoyer parfaitement. Coupez-les en quatre puis, avec un couteau tranchant, détaillez ces quartiers en lamelles les plus fines possibles.

2 - Mettez à part les membranes du milieu et les pépins. Faites tremper séparément fruits et pépins, les premiers dans 1,5 litre d'eau, les autres dans 50 cl. Laissez ainsi macérer 24 heures.

3 - Le deuxième jour, enfermez les pépins dans un sachet de mousseline, mettez toute l'eau avec les fruits et le sachet dans la bassine à confitures et faites bouillir doucement pendant 1 h 1/2. Le volume doit diminuer de moitié.

4 - Ajoutez alors le sucre, remuez, laissez reprendre l'ébullition, et continuez la cuisson jusqu'à ce que le jus soit pris, ce qui demande environ 20 minutes.

5 - Mettez en pots immédiatement, laissez refroidir, puis couvrez.

SI VOUS NE TROUVEZ
PAS CERTAINS TITRES DE CETTE
COLLECTION CHEZ VOTRE
LIBRAIRE HABITUEL,
VOUS POUVEZ LES
COMMANDER DIRECTEMENT
A L'ADRESSE INDIQUEE :

**SERVICES COMMERCIAUX
POLYCOM**

**Avenue du Maréchal Juin
Z.I. Vaux le Penil
77530 MELUN**

EN JOIGNANT UN CHEQUE
DE **13,80 FF**
PAR VOLUME + 3,00 F DE PORT.
MINIMUM DE COMMANDE :
2 VOLUMES.

PHOTOS

Ce dus : p. 42

C.E.R. : pp. 22 - 24 - 28 - 46

G. Darqué : p. 16

C. Délu : p. 48

M. Sanner : pp. 8 - 14 - 18 - 26 - 34 - 36

H. Yéru : pp. 56 - 58

Th. Zadora : pp. 6 - 10 - 12 - 30 - 32 - 38 - 40 - 44 - 50 - 52 - 54

Nous remercions le Centre d'Etudes et de Documentation du Sucre.

Photos et recettes : C.E.R.
© 1985 - Edigraphic
ISBN 2-86651-063-1

Comptoir de vente
aux Libraires
5, rue Cochin, 75005 Paris